Obrigado, com licença, desculpe

Rossella Semplici

Obrigado, com licença, desculpe

As três pérolas das relações interpessoais segundo o Papa Francisco

Dados Internacionais de Catalogação na Publicação (CIP)
(Câmara Brasileira do Livro, SP, Brasil)

Semplici, Rossella
    Obrigado, com licença, desculpe : as três pérolas das relações interpessoais segundo o Papa Francisco / Rossella Semplici ; [tradução Leonilda Menossi]. -- São Paulo : Paulinas, 2015.

Título original: Grazie, permesso, scusa
ISBN 978-85-356-3980-3

1. Atitude (Psicologia) 2. Convivência 3. Francisco, Papa, 1936 - Mensagens 4. Relações interpessoais 5. Valores (Ética) I. Título.

15-06698   CDD-248.4

Índice para catálogo sistemático:

1. Relações interpessoais : Vida cristã : Cristianismo   248.4

Título original da obra: Grazie Permesso Scusa: tre perle relazionali
© Paoline Editoriale Libri – Figlie di San Paolo, 2014.
Via Francesco Albani, 21 – 20149 Milano (Italia)

1ª edição – 2015
5ª reimpressão – 2022

Direção-geral:	Bernadete Boff
Editora responsável:	Andréia Schweitzer
Tradução:	Leonilda Menossi
Copidesque:	Simone Rezende
Coordenação de revisão:	Marina Mendonça
Revisão:	Sandra Sinzato
Gerente de produção:	Felício Calegaro Neto
Projeto gráfico:	Jéssica Diniz Souza
Imagens:	Foto ©Vatican Media (capa)
	Fotolia – © Africa Studio (p. 5);
	© Alexey Rumyantsev (p. 30); © Victor Tyakht (p. 22)
	© beerphotographer (p. 12); © Alekss (p. 11);
	© Saharrr (p. 6)

Nenhuma parte desta obra poderá ser reproduzida ou transmitida por qualquer forma e/ou quaisquer meios (eletrônico ou mecânico, incluindo fotocópia e gravação) ou arquivada em qualquer sistema ou banco de dados sem permissão escrita da Editora. Direitos reservados.

Paulinas
Rua Dona Inácia Uchoa, 62
04110-020 – São Paulo – SP (Brasil)
Tel.: (11) 2125-3500
http://www.paulinas.com.br – editora@paulinas.com.br
Telemarketing e SAC: 0800-7010081

© Pia Sociedade Filhas de São Paulo – São Paulo, 2015

*Ao meu pai,
que terminou sua jornada terrena
durante a redação deste texto.
Nele estão registrados belos sinais
de sua passagem na minha vida.*

Introdução

Algumas palavras, mais do que outras, delineiam melhor a natureza humana. Quando são vivificadas mediante gestos, comportamentos e escolhas, elas se tornam sinais de reconhecimento e indicação dos melhores itinerários existenciais na jornada terrena. As palavras vivenciadas são parte integrante do ser.

O Papa Francisco, em diferentes ocasiões, deteve-se em três palavras: "obrigado", "com licença" e "desculpe", cujo valor original a cultura da globalização, do sucesso individual e egoísta, da proeminência da economia substituiu por significados que expressam fraqueza, ingenuidade e, portanto, bagagem inútil para a vida em sociedade de lugares considerados "desenvolvidos".

As três palavras – "obrigado", "com licença", "desculpe" – na verdade, constituem três pérolas a serem recuperadas e reinseridas na vida pessoal, familiar e social, a fim de redescobrir sentidos e modos de conviver com nós mesmos e com as pessoas que nos ajudam a exercer plenamente o dom da vida, a trabalhar na vinha da família humana sentindo-a como nossa e esforçando-nos para melhorá-la.

São pérolas que nos lembram da preciosidade de todo ser humano, que se manifesta, de um lado, no esforço de fugir de uma existência sujeita à casualidade e à contingência, e de outro, de realizar o projeto da própria vida, de modo a torná-lo sempre mais belo e relevante. O oposto disso é o que acontece atualmente nas sociedades ocidentais, dominadas pelo consumismo, nas quais até a existência é, com frequência, "consumida". As sereias de hoje seduzem os navegadores com o canto ilusório da felicidade sem compromisso, da conquista sem esforço, da vitalidade na busca incessante de novidades. Isso faz com que o "duradouro" e o "para sempre" sejam considerados jaulas dentro das quais o sentido da vida e do amor murcha.

Na realidade, a provisoriedade e a precariedade, particularmente afetiva e laboriosa, desestabilizam os fundamentos da própria vida. De fato, desenraizam as certezas às quais nos apegamos em momentos difíceis para não escorregar no medo e que utilizamos para voar nos momentos felizes. É da certeza que nasce a coragem para enfrentar os desafios da vida e é sempre a certeza que a aumenta.

As características socioculturais das sociedades opulentas tornam descabido e ridículo um projeto de vida. É preciso, portanto, defendê-lo com determinação, porque a toda vida improvisada, vivida por instantes, atravessada pelo egoísmo e pela prepotência, com frequência corresponde à morte, imersa na escuridão da falta de sentido, do desperdício, da inutilidade: uma morte desesperada.

As palavras propostas pelo Papa Francisco – "obrigado", "com licença" e "desculpe" – nos encorajam e ajudam a:

- manter um olhar amoroso sobre o ser humano;
- buscar o bem e o belo em toda pessoa;

- contestar os comportamentos que depreciam o ser humano e as teorias que negam os valores éticos e morais;
- não perder a esperança de poder melhorar a nós mesmos, os outros, a comunidade na qual vivemos, a humanidade;
- encher o cálice da nossa existência de sentido, de amor e de responsabilidade.

"Que o Senhor nos ajude a colocá-las no lugar certo: no nosso coração, em nossa casa e também na convivência civil", clamou recentemente o Papa, em audiência geral na Praça São Pedro.

Obrigado

O conceito de gratidão não é definido de uma só maneira. As múltiplas interpretações nos levam a um oásis de rara beleza e riqueza, onde encontramos traços do imenso amor do Deus criador e do mistério que envolve o ser humano.

A gratidão é considerada uma atitude, uma emoção, uma virtude, um movimento do coração livre. Em síntese, uma disposição afetiva que tem o poder de conduzir a existência numa trajetória significativa.

Durante a vida na terra podemos apenas entrever e compreender superficialmente, pois a totalidade será descoberta e saboreada quando estivermos junto do Pai.

Na gratidão estão envolvidas três dimensões do ser humano, que devem ser integradas: o coração, a mente e o instinto.

O coração é reconhecido universalmente como fonte da afetividade geradora, criativa, protetora e terapêutica. Toda vida deveria ser fruto de um ato de amor, parte de um propósito existencial fundamentado em escolhas ponderadas e permeado de valores duradouros.

Toda vida assume a dimensão de dom e, como tal, é inspiradora de agradecimento.

Os desvios e desatinos existem, e por vezes a vida cria raízes na violência e na opressão. Isso não deve nos fazer perder a esperança num futuro em que a dignidade humana seja sempre defendida e sustentada.

Reconhecer que vivemos em um lar onde as necessidades cotidianas de sobrevivência estão garantidas deveria levar-nos a agradecer a Deus e a pedir-lhe que nos ajude a manter sempre vivo o compromisso de proporcionar condições de vida digna para todo o planeta.

A afetividade é linfa vital para a criatividade, considerada característica universal: todo ser humano a possui, a diferença depende do resultado esperado. As possibilidades são inúmeras, da obra de arte à solução de um pequeno problema cotidiano, da administração de bens públicos ao bom funcionamento da família. Sem a contribuição do coração, qualquer criação seria uma fria reprodução da realidade ou a conquista de uma meta improdutiva pela ausência do pulsar do amor.

A afetividade é o fundamento da proteção, entendida como vontade de cuidar de si mesmo, dos outros, dos bons frutos do trabalho e da criação. No frágil e minúsculo ser humano – se comparado ao universo – reside a força do coração que nos faz apreciar aquilo que nos circunda, abrir-nos para a influência benéfica da proximidade com os outros e com Deus, entrever o incomensurável, que, exatamente por sê-lo, foge à razão. Devemos ser gratos a Deus por ter dado tal poder a nós e àqueles que nos são próximos, a fim de conseguir mantê-la vigorosa, e a nós mesmos, por estar em condições de reconhecê-la e alimentá-la.

Cuidar inclui também a firmeza de contestar aqueles que consideram o respeito e o zelo da dignidade humana como acessórios secundários e que, por consequência, usam sua posição socioeconômica e política e as pessoas com objetivos egoístas e interesseiros.

A afetividade, como fonte terapêutica, é um coadjuvante dos tratamentos médicos. O amor, sozinho, não basta para curar as feridas do corpo e da psique, mas sua ausência enfraquece os efeitos curativos, como evidenciam muitos estudos e pesquisas. O amor pode amenizar as perturbações existenciais e espirituais, bem como intensificar o sentido e o valor do pensamento positivo.

A afetividade não é inexaurível. Ela precisa de atenção e renovação, a fim de continuar a dar frutos.

O amor se alimenta da beleza da natureza, da criação do homem, da reciprocidade e do respeito.

O amor se nutre do amor e se regenera no amor.

A mente contribui para o crescimento do senso de gratidão, facilitando a consolidação na sabedoria do discernimento, ajuda-nos a distinguir o verdadeiro do falso e ilumina o nosso caminho rumo ao conhecimento. A contribuição da racionalidade é essencial para dirigir a gratidão àqueles que efetivamente são dignos dela.

O centro da instintividade pode ser identificado no ventre. Necessidades primárias, ligadas à sobrevivência individual e da espécie, energias pulsionais ativadoras de comportamentos inatos são elementos vitais. A expressão de plena gratidão se explica quando se reconhece a contribuição do ventre, abandonando o estereótipo que o identifica com "a parte inferior do ser, frequentemente origem da maldade humana".

Numa visão de integralidade da pessoa, a afetividade, a racionalidade e a instintividade desenvolvem funções únicas e insubstituíveis, e o equilíbrio biológico, psicológico e espiritual depende da rede colaborativa que as une.

A gratidão, portanto, traz os traços do inconsciente, da consciência e das normas morais interiorizadas.

É possível viver um autêntico sentimento de gratidão quando a relação entre pessoas com funções similares é de igualdade. Não há verdadeira gratidão quando a relação é cristalizada no domínio constante de um e na incessante dependência do outro, ou seja, quando não há troca. O equilíbrio precisamente igual é impossível. O domínio e a dependência são polos de um *contínuum* e cada componente da relação se move ao longo dele. Portanto, em algumas situações se domina, em outras se depende.

Quando a diferença de papéis e responsabilidades (como é o caso de pais e filhos, educadores e discentes, médicos e pacientes) não dá espaço para a dimensão de paridade, a gratidão se nutre da consciência e do respeito às diferenças e do reconhecimento da contribuição recíproca ao desenvolvimento humano de cada um.

A gratidão deve tornar-se o adesivo de todas as relações, das mais próximas às mais distantes. As primeiras dizem respeito aos familiares, amigos, colegas de escola e de trabalho, cuja manifestação de gratidão se exprime diretamente e suas características tocam e melhoram as pessoas. Nas outras relações, quando o próximo é inatingível, como no caso do artista de cujas obras desfrutamos a beleza e do cientista de cujos frutos de seu engenho nos beneficiamos, a gratidão nos permite apreciar e alegrar-nos pelos dons recebidos, ainda que indiretamente. Tal estado de ânimo ajuda a tornar natural e comum a gratidão aos músicos pelas melodias que penetram as profundezas do nosso ser e aumentam nossa sensibilidade, aos poetas por nos doarem o assombro das palavras que conduzem ao desconhecido e o tornam familiar, aos pintores por nos fazerem viajar nas cores e nas formas, aos artesãos que fazem de nossa casa um lugar mais acolhedor e a todas as pessoas que jamais encontraremos, mas que com o seu trabalho contribuem para melhorar a qualidade da nossa vida.

A *gratidão* deve ser vivida infinitamente no cotidiano e não apenas nos grandes gestos.

Gratidão por reconhecer a disponibilidade do outro ao doar a si mesmo e o seu tempo a nós. *Gratidão* a quem contesta a prepotência, a presunção e o egocentrismo. *Gratidão* também a nós mesmos, por sermos capazes de reconhecer atitudes, talentos, por nos dispormos a ter a força, a paciência e a coragem.

A *gratidão* deve ser permeada de amor, a fim de atingir nosso íntimo, libertar-nos completamente e expandir o que há de melhor em nós e nos outros.

Os fundamentos da lógica econômica e comercial, entre os quais os da troca, do preço, do salário e da posse, parecem ter impregnado também os modelos relacionais contemporâneos e exilado a gratidão.

É preciso que se ensine a zelar por tudo aquilo que nos foi doado. Em cada um de nós há sementes de gratidão, de cuja germinação e crescimento devemos cuidar com paciência e por toda a vida: a falta de irrigação frequente, de fertilização ao longo das estações, de poda dos ramos secos ou inúteis, e de erradicação das ervas daninhas faz com que, lentamente, a planta adoeça e morra. Devemos habituar-nos a exprimir a gratidão.

Obrigado, Papa Francisco, que com palavras simples amavelmente nos recorda disso.

Com licença

Pedir licença é demonstrar respeito, discrição e delicadeza. Tal maneira de viver as relações espelha a sensibilidade e a qualidade da densidade humana da pessoa.

Etimologicamente, a palavra *"respeito"* vem do latim *respectus*, que é mais comumente traduzido como "consideração", "observação sobre algo", mas também, por derivação de *respicere*, "olhar atrás ou em torno de si", "ter atenção, prudência". Mais raramente, pode indicar um lugar de refúgio ou abrigo. Ou seja, o respeito pressupõe atenção, cautela e interesse e, por conseguinte, no pedido de licença, está uma profunda consideração pelo outro. Não há lugar para a superficialidade, a desatenção e o óbvio.

O respeito refere-se ao zelo das relações, à colaboração e ao acolhimento do próximo. Assim, o amor está sempre protegido, em todas as dimensões: vivido, imaginado, desejado; o amor pelo ser humano e por tudo de bom e de belo, criado por Deus e pela natureza.

A discrição afunda as raízes no discernimento. De fato, a origem latina está ligada ao particípio passado do verbo *discernere*, ou seja, *discretum*.

O discernimento implica conhecer e ter capacidade de distinguir. São atividades cognitivas, que geralmente se imagina serem guiadas pela racionalidade. Mas sem amor não há verdadeiro conhecimento. O amor traça, para os crentes, o caminho que conduz ao outro e a Deus; dá forças para percorrê-lo mil vezes, infatigavelmente; orienta o ato de conhecer na direção da verdade e do serviço às pessoas.

O discernimento também ajuda a perceber o espaço físico, psíquico e espiritual que envolve o outro, e o ritmo pessoal com o qual se mede o tempo da própria existência. Se o valor da reciprocidade estiver enraizado, será natural para a pessoa aceitar os limites próprios e alheios e não os violar; quando as diferenças são profundas, o respeito ativa o confronto dialógico e construtivo, indispensável para conter o risco de incompreensões e afastamentos.

A discrição rica dessas qualidades constrói as relações também sobre a força da justiça amorosa.

A delicadeza é inspirada pelo reconhecimento do valor do ser humano, reside na alta esfera da espiritualidade e se encarna nos pequenos gestos, como a escuta ativa, as saudações e as modalidades de aproximação verbal.

A escuta ativa exige a presença atenta e plena, que permite compreender não apenas de modo racional, mas também afetivamente aquilo que o outro quer transmitir-nos, nos mantém livres de preconceitos, bloqueia a palavra julgadora e limita a divagação.

As saudações são anúncios da percepção do outro e da intenção de ser visível: percebo a presença do próximo e, ao mesmo tempo, convido-o a não ignorar a minha. A diminuição do valor da saudação, a correria cotidiana, a superficialidade nas relações transformaram em raridade um simples "olá!", o "bom-dia!" e o aperto de mão.

Décadas atrás, para combater o excesso de formalismo na comunicação verbal, que se mostrava frequentemente artificial e pedante, adotou-se o uso das formas de tratamento mais coloquiais. Com exceção de alguns contextos profissionais, educativos e legais, tal modalidade verbal e a aproximação psicológica se impõem sem levar em conta as ressonâncias emocionais e históricas da pessoa, que nessa dinâmica relacional pode apenas resignar-se e aceitar passivamente.

Assim como agradecer implica processos afetivos e cognitivos, pedir licença não prescinde da participação harmoniosa do coração, da razão e da instintividade.

Quem pede licença do fundo do coração contesta de modo decisivo a invasão daqueles que se mostram ávidos pela vida dos outros, como alguns profissionais da mídia, sempre em busca de situações capazes de aumentar a audiência, e de expectadores que se contentam em participar desse jogo, que leva existências fragmentadas e desarticuladas a inundarem de lágrimas a arena pública virtual.

Quem pede licença do fundo do coração diverge do hábito de revelar a intimidade da própria vida e das pessoas que fazem parte de suas relações nas redes sociais. O desejo de ser visto, reconhecido, apreciado e de tornar-se referência leva a reduzir demasiadamente a sua privacidade e a dos outros.

A título de exemplo, creio que seja útil considerar o hábito muito comum de postar fotografias e filmes dos filhos, sobretudo recém-nascidos ou de tenra idade. O álbum virtual deveria ser criado levando em conta algumas características que tinham antigamente os álbuns tradicionais: as fotografias eram dadas aos familiares e amigos; os conhecidos podiam contemplá-las e, portanto, a recordação era confiada exclusivamente à memória. Hoje em dia existem meios de limitar o acesso ao álbum virtual, seguindo o costume de proteger a pessoa que não pode manifestar o próprio consentimento, mas à qual pertencem todos os instantes da vida, desde a concepção. Os pais não podem considerar os filhos como sua propriedade. Ao contrário, têm o dever de salvaguardar, com discrição e respeito, aqueles que dependem totalmente da sua vontade e são impossibilitados de exprimir as próprias regras e proteger sua imagem.

Pedir licença a si mesmo é uma forma de respeitar e proteger a essência pessoal. É um modo de dar tempo à reflexão sobre os conteúdos e sobre os momentos da própria vida a oferecer e partilhar a efêmera e vasta dimensão virtual. Além do mais, pedir licença a si mesmo é uma passagem obrigatória para aprender a pedir licença aos outros. Isso nos obriga a ser pacientes, a deter-nos à espera do "sim", seja o nosso, seja o do próximo, e a prescindir de expor emoções, experiências e sonhos.

Pedir licença, no entanto, não significa calar as injustiças. É dever dizê-lo, sem subtrair-se ao respeito à dignidade humana, que é um valor absoluto e não pode ser afrontado de maneira alguma.

Na cultura que valoriza o pedido de licença está enraizada a negação à prepotência – a gritada pelos arrogantes, a quem sempre tudo é devido; a silenciosa, que demonstra indiferença; a sussurrada por quem detém o poder e ataca o outro com ordens e pedidos inquestionáveis.

Na cultura que valoriza o pedido de licença bate-se à porta da vida do outro, entra-se com calma, em companhia da consciência de que estamos na morada do corpo, da mente e da espiritualidade do irmão e não na nossa. Em alguns momentos, habitamos as vidas alheias: o nosso rastro luminoso se entrecruza com outros e nascem jogos de luzes encantadores, quando orientados pelo respeito. Os rastros se entrecruzam, mas não se confundem; se sobrepõem, mas não se ofuscam.

Desculpe

Diferentemente dos termos "obrigado" e "com licença!", precedentemente considerados, a palavra "desculpe" é mais presente na dinâmica relacional. Portanto, o destaque colocado pelo Papa Francisco pede reflexão sobre como e porque se pedir desculpas, pois, se o uso é excessivo e demasiado, ele acaba, frequentemente, no abuso e no hábito mecânico.

Tem havido uma substituição do valor primário do ato de pedir desculpas, como uma formalidade vazia que anestesia as emoções negativas, seja nossa, seja dos outros, e cria indisponibilidade para enfrentar uma recusa da acolhida desse pedido.

"Desculpe, desculpe, desculpe", frequentemente repetido sem nem mesmo se tomar fôlego, é o meio preferido de bloquear a reação de desapontamento do outro, para evitar o confronto, a busca de novos caminhos e o empenho em percorrê-los.

É fruto da cultura do individualismo egoísta, da provisoriedade afetiva, relacional e laborativa, das paixões e dos interesses passageiros, das verdades subjetivas, da intermitência da responsabilidade e da liberdade incondicional que censura os limites.

O pedido de desculpas, em uma relação afetiva autenticamente aberta para o outro e para si mesmo, prevê um processo de diversas fases e com um tempo proporcional ao tipo de falta cometida. Alguns modos de viver são indispensáveis para dar credibilidade e força a tal comportamento e proteger a relação.

É preciso tomar distância do irracional ritmo cotidiano, procurando alternar momentos de correria, em que se faz mais de uma ação ao mesmo tempo, como comer e trabalhar, com momentos de quietude, dedicados à contemplação da beleza, à reflexão, à imersão no silêncio. A correria constante pela novidade, a diversão desenfreada são tentativas de viver despreocupadamente, sem problemas, com pouco esforço, mas que trazem em si os germes da ausência de sentido. Desacelerar o modo de viver ajuda a recriar uma pirâmide de valores e uma sinalização válida, que nos recorde a unicidade da existência e a tangibilidade de nossa passagem pela vida dos outros. Os sinais que deixamos podem assumir a forma de marcas lindas e admiráveis, ou então, esquálidas e confusas. Temos o dom da liberdade e, portanto, podemos escolher o que colocar no cálice da nossa vida e na do próximo.

- Aprender a olhar para dentro de si mesmo e não se cansar de fazê-lo. A análise introspectiva é um requisito para reconhecer o erro cometido e pedir desculpas.
- Conhecer as emoções e, portanto, estar em condições de perceber as nuanças do estado de ânimo surgido por não se ter respeitado as regras de convivência do outro, por não ter cumprido uma promessa, por ter infringido um pacto.

- Empenhar-se responsavelmente com nós mesmos e com os outros em perseguir a mudança positiva.
- Pedir desculpas e perdoar a si mesmo são atos que requerem misericórdia, lealdade intelectiva e sabedoria. É preciso ser capaz de olhar objetivamente a realidade, de conter tanto o excesso de crítica e o perfeccionismo quanto a bondade "de fachada" e a tendência à indulgência padronizada. Pedir desculpas e perdoar a si mesmo dão paz interior e nos predispõe a pedir desculpas e perdoar o próximo.
- Acolher o perdão do outro. É um ato de humildade que, no campo relacional, permite deixar o protagonismo ao outro, enquanto ocupamos serenamente o segundo plano. É preciso trabalhar contra o orgulho excessivo e os herméticos bloqueios da autodefesa.

A decisão de pedir desculpas e de acolher o perdão também está ligada ao amor maduro, aquele que tem raízes na liberdade afetiva recíproca. Nenhuma pessoa pode nos constranger a amá-la, assim como não podemos pretender que o outro nos ame.

O amor maduro nutre-se:

- do poder do amor de viver plenamente a alegria de sentir-se amado e de amar, de enfrentar as críticas e a negatividade que se insinuam nas relações. Pensar que a vida afetiva segue livre por caminhos nobres, imune a conflitos, discussões, divergências, é uma visão irreal da natureza humana e do fluir da vida;

- da capacidade de bloquear a agressividade destrutiva voltada contra nós mesmos e contra os outros. Um erro, uma falta não desintegram a imagem da pessoa e a conexão que a ela nos liga quando sabemos quem somos e quem é o outro, quando amamos total e integralmente, acolhendo, portanto, a potencialidade e os limites, as qualidades e as carências. Amamos intensamente porque conhecemos e admiramos a parte revelada, somos fascinados, estimulados a melhorar, nos sentimos protegidos e seguros. Mas amamos também porque não conhecemos tudo e temos curiosidade de descobrir a parte ainda ignorada;

- da vontade de continuar a amar e amar-nos, o que depende também da promessa de fidelidade por toda a vida, que desmascara a ilusão da felicidade na provisoriedade, na busca desenfreada do novo e na necessidade de descartar o velho.

Pedir desculpas é uma passagem a ser atravessada para amar incansavelmente e para sempre.

Conclusão

Para transformar as palavras "obrigado", "com licença" e "desculpe" em pérolas relacionais é indispensável a contribuição da educação, das religiões, das teorias filosóficas e das orientações éticas. Todos, porém, devem exercer a função de defensores do ser humano e zelar pelos valores universais. A educação deveria ser digna de elogio, influenciada pela coerência entre princípios, valores e comportamentos, sustentada pelo testemunho dos educadores, do espírito de colaboração tanto entre as pessoas quanto entre as instituições envolvidas e por um clima cultural que permita o crescimento e a multiplicação dessas pérolas.

Como se forma uma pérola na natureza? É o encontro de um corpo estranho com a parte interna da concha, portanto, simbolicamente é o encontro de duas diversidades. Requer tempo e trabalho constante, exatamente como acontece na construção e na manutenção das relações. A pérola não é contaminada nem alterada pelo ambiente no qual ela se desenvolve – a água turva, lodosa, do fundo dos mares ou rios. Portanto, é o símbolo da evolução, possível também em condições difíceis. É parte do mistério da vida e do ser humano.

"Obrigado", "com licença", "desculpe" são pérolas que colocam o amor no centro de todas as relações e introduzem fragmentos de eternidade e sacralidade na finitude humana. Na Grécia antiga, a pérola representava o amor. No Cristianismo, a pérola representa Cristo (cf. Santo Efrém), pela sua pureza e brilho, o Reino dos Céus (cf. Mt 13,45-46), pela sua preciosidade que deveria induzir os cristãos a "despojar-se de tudo" para poder encontrá-la, como fez São Francisco.

"Obrigado", "com licença", "desculpe" nos mantêm longe do abismo do nada, da inutilidade e da soberania da morte. Conserva viva a esperança que das boas palavras continuem a nascer gestos bons e poderosos a ponto de atingir todo ser humano, em qualquer condição existencial e em qualquer lugar onde se encontre.

Ancoram a vida na bondade, na sensibilidade e na busca de sentido.

"Obrigado", "com licença", "desculpe" são três pérolas que devolvem a luminosidade e o valor à humanidade empenhada por um futuro de fraternidade e paz.

Rua Dona Inácia Uchoa, 62
04110-020 – São Paulo – SP (Brasil)
Tel.: (11) 2125-3500
http://www.paulinas.com.br – editora@paulinas.com.br
Telemarketing e SAC: 0800-7010081